PAPER SOLDIERS OF NAPOLEONIC CAMPAIGN IN EGYPT

JEAN -BENOÎT PFEIFFER

SERIES EDITED BY

LUCA STEFANO CRISTINI

AUTHOR

Jean-Benoît PFEIFFER est né en 1965 en Alsace (France). Dès l'âge de 12 ans, il a commencé à collectionner et à peindre des soldats en plomb. Passionné par l'histoire de sa région, il s'est tout naturellement intéressé à l'une de ses formes d'art à savoir l'imagerie populaire et, plus particulièrement, les soldats en papier. En effet, l'Alsace a été, depuis plus de 250 ans, un grand centre de production de soldats en papier et en carton : soldats imprimés, coloriés au pochoir ou peints à la main, leur diversité est infinie. Malheureusement, depuis quelques dizaines d'années, cet art tend à disparaître et il ne subsiste plus que quelques créateurs et peintres de soldats en papier. Jean-Benoît essaye de faire revivre ces « Petits Soldats de Strasbourg » en exposant régulièrement ses créations (dans des Bourses de figurines ou dans des Musées comme le Musée des Jouets de COLMAR). Il travaille également à la demande pour des collectionneurs. Par ce livre, il espère faire connaître un peu mieux ce genre très particulier de soldats de papier et, surtout, de faire naître des vocations !

Jean-Benoît PFEIFFER è nato nel 1965 in Alsazia (Francia). All'età di 12 anni, inizia a collezionare e dipingere soldati di piombo. Appassionato di storia della sua regione, era naturalmente interessato a una delle sue forme d'arte, vale a dire le immagini popolari e, in particolare, i soldatini di carta.
In effetti, l'Alsazia è stata, per oltre 250 anni, un importante centro per la produzione di soldati in carta e cartone: soldati stampati, o dipinti a mano, la loro varietà è infinita. Sfortunatamente, negli ultimi decenni, questa arte ha teso a scomparire e solo pochi creatori e pittori di soldati di carta sono sopravvissuti. Jean-Benoît cerca di far rivivere questi "Piccoli Soldati di Strasburgo" esponendo regolarmente le sue creazioni. Lavora anche su richiesta per collezionisti. Con questo libro, spera di far conoscere questo tipo molto speciale di soldatino di carta e, soprattutto, di dare vita a vocazioni!

Jean-Benoît PFEIFFER was born in 1965 in Alsace (France). At the age of 12, he began collecting and painting lead soldiers. Passionate about the history of his region, he was quite naturally interested in one of his art forms, namely popular imagery and, more particularly, paper soldiers. In fact, Alsace has been, for more than 250 years, a major center for the production of soldiers in paper and cardboard: soldiers printed, stenciled or hand painted, their diversity is endless.
Unfortunately, for the past several decades, this art has tended to disappear and only a few creators and painters of paper soldiers have survived. Jean-Benoît tries to revive these "Little Soldiers of Strasbourg" by regularly exhibiting his creations (like the Museum of Toys of COLMAR). He also works on demand for collectors. By this book, he hopes to make known a little better this very particular kind of paper soldiers and, above all, to give birth to vocations!

PAPER SOLDIERS SERIES

La collana è dedicata alla storia e alla collezione de mitici soldatini di carta o ai soldatini da warfame. In ogni volume preziose raccolte di soldatini stampati il secolo scorso (e anche prima), provenienti dalle nostre collezioni, ma anche nuovi figurini realizzati con abile maestria dai nostri bravi autori. Sempre con l'intento di fornirvi illustrazioni di grande qualità.

RINGRAZIAMENTI E CREDITI FOTOGRAFICI - PHOTOGRAPHIC CREDITS:

Le tavole sono generalmente opera dell'autore o dell'illustratore indicato. La gran parte del resto dell'iconografia usata appartiene all'archivio dell'editore, foto scattate dall'autore, o materiale di amici collezionisti. L'Editore rimane in ogni caso a disposizione degli eventuali aventi diritto per tutte le fonti iconografiche dubbie o non identificate.

REMERCIEMENTS

Je tiens à remercier très chaleureusement mon éditeur Luca Cristini. 11 me fait l'honneur de publiér mes créations de soldats eП papier et m'aide ainsi a faire vivre cette imagerie populaire vielle de plus de 3 siècles.
Toujours a l'écoute et de bon conseil, c'est un réel plaisir de travailler avec lui.

Title: **PAPER SOLDIERS OF NAPOLEONIC CAMPAIGN IN EGYPT - by Jean-Benoît Pfeiffer**
Serie edit by Luca S. Cristini. First edition by Soldiershop. January 2022
Cover & Art Design: Luca S. Cristini. ISBN code: 978-88-93278249
Published by Luca Cristini Editore, via Orio 35/4- 24050 Zanica (BG) ITALY. www.soldiershop.com

PAPER SOLDIERS OF NAPOLEONIC CAMPAIGN IN EGYPT

JEAN-BENOÎT PFEIFFER

SERIES EDITED BY

LUCA STEFANO CRISTINI

LA CAMPAGNE D'ÉGYPTE

Armée d'Orient.
Régiment des Dromadaires.

Le 5 mars 1798, le Directoire de la toute jeune République française charge le fougueux général Bonaparte de mener une expédition vers l'Égypte. Le but était clair: entraver la puissance militaire anglaise en contrôlant la route des lndes. C'est également l'occasion pour elle d'éloigner de France un homme dont les nombreux succès militaires et la popularité sont juges dangereux !
Bonaparte quitte Toulon avec plus de 400 navires, 45.000 hommes mais aussi, et c'est cé qui en fait notamment l'originalité de cette expédition, prés de 170 savants, ingénieurs, historiens, botanistes, écrivains et artistes.
Des le débarquement a Alexandrie le 2 juillet 1798, les victoires se multiplient : Bataille des Pyramides, prise de Caire ... puis les premiers revers : a Aboukir (destruction de la flotte française), révolte au Caire, devant Saint-Jean-D'Acre, en Syrie. En aout 1799, Bonaparte abandonne son armée pour rentrer en France. Le commandement de l'armée est assure par le général Kleber qui négociera une convention d'évacuation en janvier 1800 avec Les Anglais. Cette convention sera rompue et les combats vont reprendre. En mars 1800, Kleber bat l'armée turque et parvient a reprendre le Caire. 11 y sera assassine le 14 juin.1800. En 1801, l'Égypte est perdue définitivement.
Si le résultat militaire de cette campagne ne fut pas des plus glorieux pour Bonaparte, les résultats scientifiques demeurent encore visibles aujourd'hui : la monumentale « Description de l'Égypte », la découverte de la Pierre de Rosette et tant d'autres.

FRENCH CAMPAIGN IN EGYPT AND SYRIA

On March 5, 1798, the Directory placed in charge of the young French Republic entrusted the fiery general Bonaparte to carry out an expedition to Egypt. The objective was clear: to hinder the English military power by disturbing as much as possible the important route to the Indies.
This was also considered an opportunity for the Directory to remove from France a man whose success and military popularity were considered dangerous!
Bonaparte left Toulon with more than 400 ships, 45,000 men but also, and here was the originality of this expedition, almost 170 scholars, engineers, historians, botanists, writers and artists.
The army landed in Alexandria on July 2, 1798, the victories came immediately numerous: the battle of the pyramids, the taking of Cairo ... Then came the

Armée d'Orient.
Copte. Français. Grec.

first setbacks: at Aboukir (destruction of the French fleet), revolt in Cairo, Acre in Syria.
In August 1799, Bonaparte abandoned his army on the spot to return to France. The command of the army was assigned to General Kleber, who in January 1800 negotiated an evacuation agreement with the British. This agreement, however, was short-lived and the fighting resumed immediately. In March 1800, Kleber defeated the Turkish army and managed to take back Cairo. The general was then assassinated on June 14, 1800.
In 1801, Egypt was lost for good.
While the military outcome of this campaign was ultimately not the most glorious for Bonaparte, the scientific achievements live on: the monumental "Description of Egypt", the discovery of the Rosetta Stone, and much more.

LA CAMPAGNA D'EGITTO

Il 5 marzo 1798, il Direttorio posto a dirigere la giovane Repubblica Francese incaricò il focoso generale Bonaparte di effettuare una spedizione in Egitto. L'obiettivo era chiaro: ostacolare il potere militare inglese disturbando il più possibile l'importante via delle Indie.
Questa venne anche considerata un'opportunità per il Direttorio di allontanare dalla Francia un uomo il cui successo e popolarità militare erano considerati pericolosi!
Bonaparte lasciò Tolone con oltre 400 navi, 45.000 uomini ma anche, e fu qui l'originalità di questa spedizione, quasi 170 studiosi, ingegneri, storici, botanici, scrittori e artisti.
L'armata prese terra ad Alessandria il 2 luglio 1798, le vittorie arrivarono subito numerose: battaglia delle piramidi, presa del Cairo ... poi arrivarono le prime battute d'arresto: ad Aboukir (distruzione della flotta francese), nella rivolta al Cairo fino alle rivolte a San Giovanni d'Acri in Siria.
Nell'agosto del 1799, Bonaparte abbandonò sul posto il suo esercito per tornare in Francia. Il comando dell'armata fu assegnato al Kleber Generale che nel gennaio del 1800 negoziò un accordo di evacuazione con gli inglesi. Questa convenzione però durò poco e il combattimento riprese subito. Nel marzo del 1800, Kleber sconfisse l'esercito turco e riuscì a riprendersi il Cairo. Il generale verrà poi assassinato il 14 giugno ..1800.
Nel 1801, l'Egitto è perso definitivamente.
Se il risultato militare di questa campagna alla fine non fu il più glorioso per Bonaparte, i risultati scientifici vivono ancora oggi: la monumentale "Descrizione dell'Egitto", la scoperta della stele di Rosetta e molto altro.

▲ Napoleon Bonaparte in Egypt

▲ Examples of the paper model in preparation

THE PLATES 1798-1801

Infanterie française 75eme Rgt. de Ligne

Infanterie française 88eme Rgt. de Ligne

Infanterie française 261eme Rgt. de Ligne
Infanterie légère française 4eme Rgt.

Infanterie légère française 4eme Rgt.
L'infanterie française au combat 21eme RGT d'infanterie légère

L'infanterie française au combat 21eme RGT d'infanterie légère
L'infanterie française au combat 21eme RGT d'infanterie légère

L'infanterie française au combat Le 61eme de Ligne

L'infanterie française au combat Le 61eme de Ligne

L'infanterie française au combat Le 61eme de Ligne
L'infanterie française au combat Le 61eme de Ligne

Infanterie française A gauche - 25eme Demi Brigade
A droite - 75eme Demi Brigade

Tambour-Major et Porte Drapeau de la 32eme Demi-Brigade d'infanterie de Ligne
A droite grenadieres de la 75 Demi-Brigade de Ligne

La legion nautique

La legion Copte

La legion Maltaise

Artillerie française in Egypt

Guides de l'armée d'Orient À pied à gauche A cheval à droite

Hussards du 7eme bis en tenue de parade
Chasseurs du 22eme en tenue de campagne

Capitaine et soldat du 7eme de hussards.
Hussards du 7eme bis en campagne

Hussards du 7eme bis en campagne

Cavalerie française 22eme Rgtde Chasseurs à cheval

Cavalerie française 22eme Rgtde Chasseurs à cheval

Capitaine et soldat du 7eme de hussards.
Hussards du 7eme bis en campagne

Hussards du 7eme bis en campagne

Napoleon Bonaparte et le Régiment des dromadaires

Le Régiment des dromadaires

Le Régiment des dromadaires

Le Régiment des dromadaires

Le Régiment des dromadaires

Le Régiment des dromadaires

Le Régiment des dromadaires

Le Régiment des dromadaires

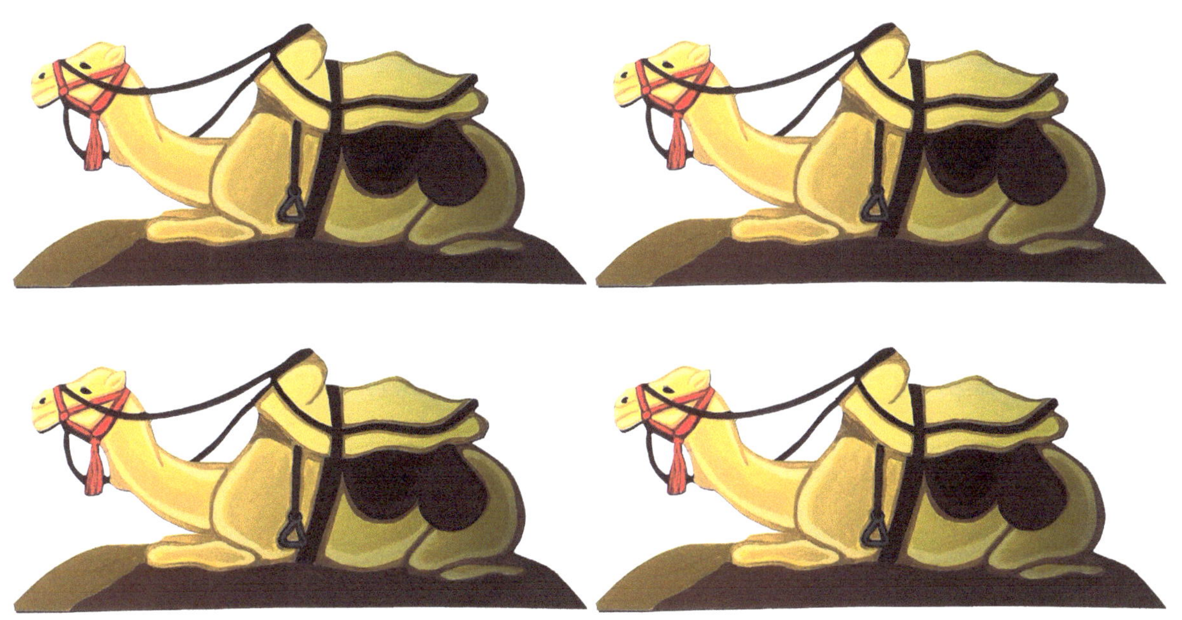

Le Régiment des dromadaires

Le Régiment des dromadaires

Le Régiment des dromadaires

Le Régiment des dromadaires

Le general Kleber et an Capitaine à cheval des Guides de l'armée d'Orient.
Le general Kleber, ADC, an Capitaine de la 75eme de Ligne et officiers de 9eme de Ligne

Aérostiers, artillerie à cheval et des sapeur du génie.
Le service de Santé a gauche - infirmiers au milieu - pharmacien a droite - médecin

Les artistes et scientifiques de l'armée d'Orient

La marine française a gauche - matelotes au milieu - médecin a droite - chirurgien
La marine française: matelots - capitaine de vaisseau au milieu - Chef de division a droite - Amiral

Mamelouk

Mamelouk

Mamelouk

Mamelouk

Mamelouk

TITOLI PUBBLICATI - ALREADY PUBLISHING

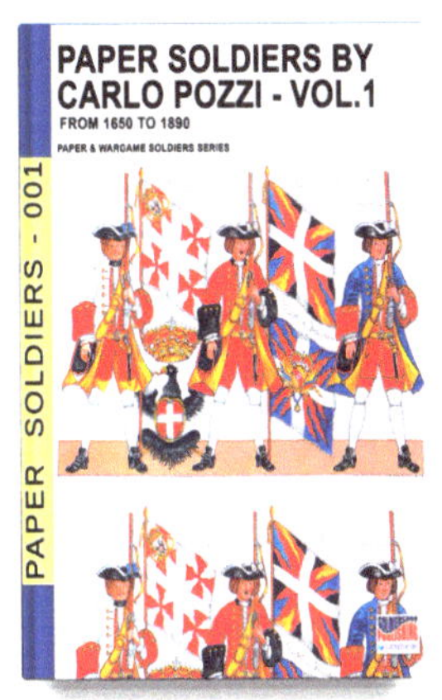

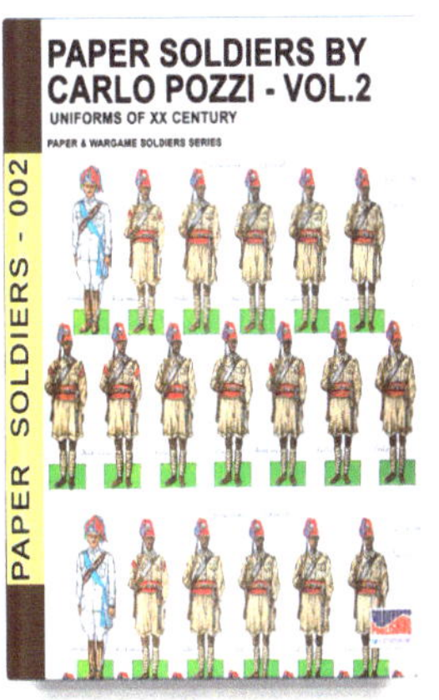

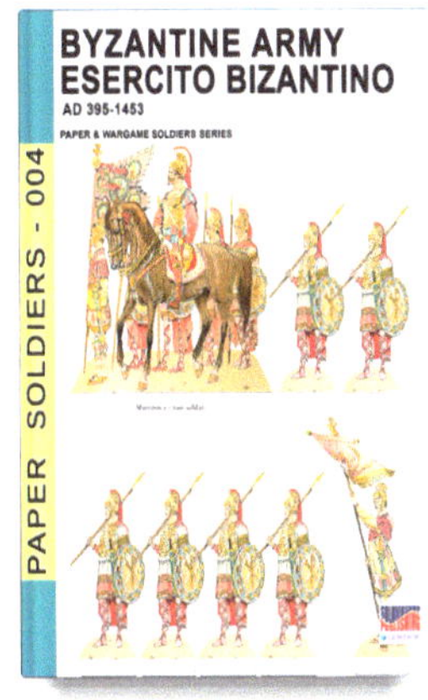

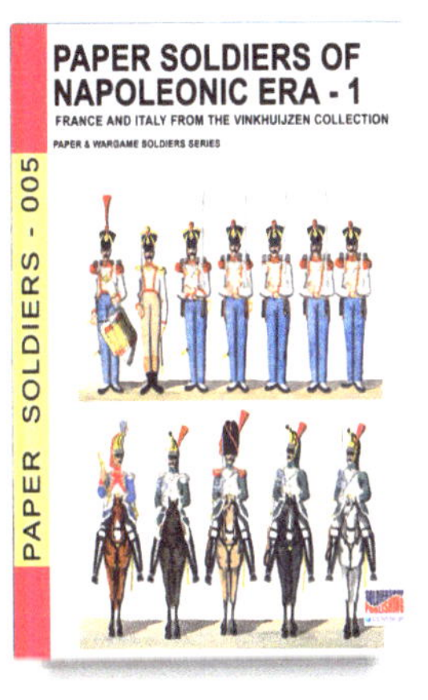

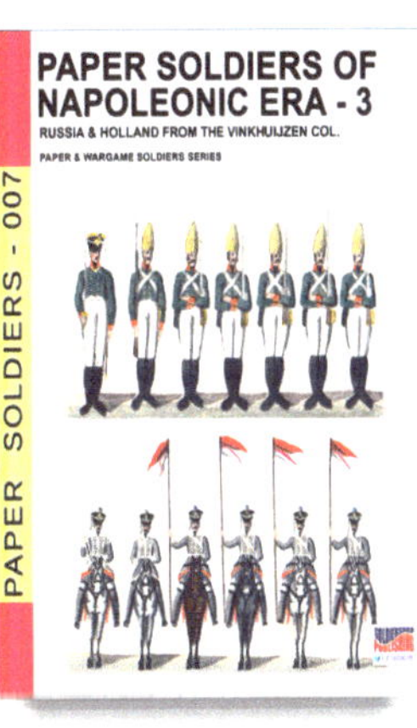

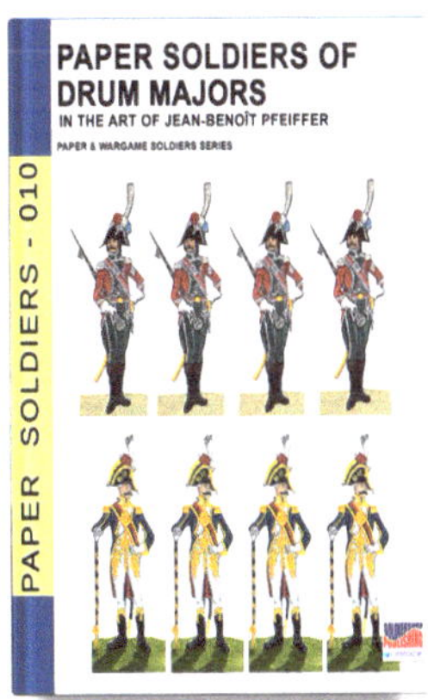

SOLDIERSHOP
PUBLISHING
CRISTINI
EDITORE

www.ingramcontent.com/pod-product-compliance
Ingram Content Group UK Ltd.
Pitfield, Milton Keynes, MK11 3LW, UK
UKHW060117300726
14090UKWH00002B/240

* 9 7 8 8 8 9 3 2 7 8 2 4 9 *